Ligue contre la

Concurrence

Déloyale

Congrès préparatoire
de Besançon
Séances des 5, 6 et 7 Avril 1905

Présidence de M. Ch. DUBRET

Recueil des Rapports
Des Membres du Comité directeur

« La FRANCE HORLOGÈRE, pour justifier son titre de journal de *défense des intérêts horlogers français*, plaidera sans cesse la cause de l'union de tous contre les ennemis communs. Là où il n'y a pas de syndicats, elle en provoquera la fondation ; elle mettra en rapport ceux qui existent déjà et sera leur organe, préparant ainsi le temps, que nous nous plaisons à ne pas croire très éloigné, qui verra naître : **L'union des horlogers français.** »

(*Extrait de l'article-programme du premier numéro de la France Horlogère du 1er juillet 1901.*)

Besançon, imp. J. Millot et Cⁱᵉ
Imprimeurs de la *France Horlogère*

LIGUE

CONTRE LA

CONCURRENCE DÉLOYALE

CONGRÈS PRÉPARATOIRE DE BESANÇON

SÉANCES DES 5, 6 ET 7 AVRIL 1905

Présidence de M. Ch. DUBRET

RECUEIL DES RAPPORTS

Des Membres du Comité directeur

BESANÇON

IMPRIMERIE ET LITHOGRAPHIE J. MILLOT ET Cⁱᵉ.

20, Rue Gambetta, 20

1905

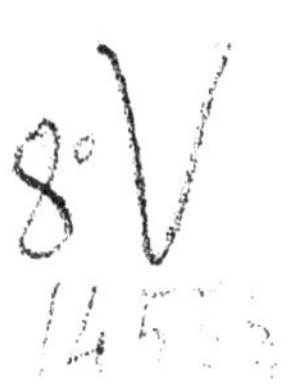

LIGUE

CONTRE

LA CONCURRENCE DÉLOYALE

CONGRÈS PRÉPARATOIRE

DE BESANÇON

DÉLÉGUÉS DES SYNDICATS

MM. Boudra, du Syndicat des horlogers-bijoutiers de Lyon ;
Ch. Dubret, du Syndicat des horlogers bijoutiers de
Dijon ; Fernier, président du Syndicat de la fabrique
d'horlogerie de Besançon ; Morel-Fourrier, vice-prési-
dent du Syndicat des horlogers-bijoutiers de Marseille ;
Souchet, président du Syndicat des horlogers-bijoutiers d'Angoulême.

Séances des 5, 6 et 7 avril 1905

Présidence de M. Ch. Dubret

La session est ouverte à 10 heures du matin, sous
la présidence de M. Dubret, président du Syndicat
de la Côte-d'Or.

Etaient présents : Tous les membres du Comité
directeur et M. Maurice Favre-Heinrich, directeur de
la *France Horlogère*, fondateur de la Ligue, invité
à prendre part aux travaux.

M. Maxime Fernier prend immédiatement la parole
en sa qualité de président du Syndicat des fabricants
de Besançon, pour souhaiter la bienvenue aux délé-

gués envoyés par les différents syndicats régionaux de France.

Il s'exprime en ces termes :

« Messieurs,

» C'est avec une grande satisfaction que je profite du droit que me confère mes fonctions de président du Syndicat de Besançon pour vous souhaiter la bienvenue. Vous êtes venus jusqu'ici de très loin collaborer à une œuvre de solidarité et de bonne confraternité, et nous avons la conviction que nos efforts ne seront pas vains.

» J'ai malheureusement à commencer par remplir un triste devoir, celui d'adresser au Syndicat de Lyon l'expression des cuisants regrets que nous a causé la mort récente de son président, M. Ginon. M. Boudra, qui est ici le représentant de ce syndicat, voudra bien se charger de lui redire la part que nous prenons à son deuil.

» J'adresserai ensuite mes remerciements à M. Dubret, président de la Fédération des magasins d'horlogerie-bijouterie de France, qui a bien voulu se déclarer chaud partisan de la Ligue contre la concurrence déloyale et qui nous apporte, je l'espère, de bonnes paroles.

» A M. Morel-Fourrier, qui a traversé la France presque entière pour assister à cette réunion et qui a pris vous savez quelle part à son organisation, dépensant sans compter son temps et sa peine.

» A MM. Souchet et Boudra, savants horlogers, qui se sont donnés tout entiers, l'un par la plume, l'autre par l'enseignement pratique, à l'œuvre si intéressante de l'éducation professionnelle de nos jeunes apprentis.

» A la *France Horlogère*, enfin, et à son directeur, M. Maurice Favre-Heinrich, qui a été et qui sera encore davantage peut-être par la suite le trait-d'union entre tous les syndicats horlogers de France.

» Au nom du Syndicat de Besançon, je souhaite, Messieurs, longue vie et prospérité à la Ligue contre la concurrence déloyale. »

(Ces paroles sont soulignées par d'unanimes applaudissements.)

La parole est ensuite donnée à M. Morel-Fourrier, qui procède à la lecture de la correspondance reçue des divers syndicats adhérents à la Ligue, relativement aux questions qui doivent être résolues par le Comité directeur.

M. Boudra exprime le désir de voir le Comité retenir chacune des questions traitées dans cette correspondance. (Cette proposition est adoptée.)

En conséquence, le Comité directeur, après avoir pris connaissance des rapports, lettres et observations des Syndicats des Ardennes, de Cette, de Normandie, du Havre, des Deux-Sèvres, etc., déclare prendre bonne note de ces intéressantes communications et vouloir s'inspirer, dans ses travaux, des desiderata des syndicats adhérents à la Ligue, en tenant compte des formules qui lui ont été soumises par ces syndicats pour l'application des meilleures solutions aux questions à l'ordre du jour.

L'ordre du jour appelle la lecture du rapport de M. Fernier sur la question des *fonctionnaires commerçants*.

LES FONCTIONNAIRES COMMERÇANTS

Rapporteur : M. FERNIER

Délégué du Syndicat de Besançon

Messieurs,

Un des fléaux les plus funestes dont notre corporation d'horlogers-bijoutiers ait à souffrir, le pire peut-être de tous, est la concurrence illégale qui lui est faite par l'ensemble des fonctionnaires de l'Etat. Sous le couvert du prestige qui, en France, environne tout ce qui de près ou de loin se rattache au *fonctionnarisme*, une quantité innombrable d'agents de toutes les administrations cherchent, d'une façon ou d'une autre, à augmenter leur salaire, souvent misérable, il est vrai. Ce supplément de gain, c'est à des opérations commerciales qu'ils le demandent : le plus souvent, à la vente pour leur propre compte ou au placement pour le compte d'autres négociants, d'articles variés, vins, huiles, spiritueux, bicyclettes, pendulerie, horlogerie, bijouterie, etc.

L'horlogerie et la bijouterie sont particulièrement affectés par cette concurrence illégale comme étant d'une manipulation aisée, vu leur petit volume, et d'un placement relativement facile et rémunérateur. Aussi de tout temps les représentants de ces industries se sont-ils plaints de la concurrence qui leur est faite par des fonctionnaires payés par eux, en somme, pour toute autre chose.

Mais, depuis quelques années, cette concurrence a pris des proportions désastreuses, qui tiennent à ce qu'aujourd'hui tous les petits fonctionnaires sont sollicités par des fabriques de leur servir d'intermédiaire auprès du public. Des prospectus, savamment rédigés, font miroiter à leurs yeux le peu de difficultés qu'il y a à placer dans son entourage des montres et des bijoux généralement de prix bas. Les avantages qu'on leur promet ont vite décidé bon nombre d'entre eux à chercher dans ces opérations commerciales un gain facile.

Il est plus qu'évident qu'un commerçant de cette nature, outre la considération qu'il tient de ses fonctions publiques, a sur les véritables commerçants l'avantage de ne point payer patente, de n'avoir pas de marchandises en stock, pas de loyer, d'être exempt enfin des frais généraux qui grèvent si lourdement le commerce régulier. Aussi n'est-il pas surprenant que des marchandises livrées dans ces conditions le soient le plus souvent à des prix plus avantageux que ceux qui sont généralement pratiqués par les véritables commerçants.

La concurrence des fonctionnaires est donc, vous le voyez, messieurs, à un double point de vue, désastreuse pour nous : d'abord par l'ampleur qu'elle a prise en ces dernières années, où il n'existe peut-être plus une seule commune de France qui n'ait un facteur, un instituteur, un douanier, un garde champêtre qui ne la pratique avec plus ou moins de succès, et, en second lieu, à cause des conditions exceptionnellement favorables où elle s'exerce. Aussi n'est-il pas téméraire d'affirmer qu'aujourd'hui un tiers des montres qui se vendent en France le sont par l'entremise de fonctionnaires et ce au détriment des horlogers patentés.

Les choses en étant arrivées à ce point, le journal la *France Horlogère*, suivi d'ailleurs, empressons-nous de le reconnaître, par tous ses confrères, a entrepris contre un abus aussi flagrant une énergique campagne. C'est de cette campagne qu'est née l'idée première d'une Ligue contre la concurrence déloyale que nous fondons aujourd'hui, avec l'appui de *dix-huit syndicats horlogers*, et dans notre idée c'est la lutte contre les fonctionnaires commerçants qui doit rester l'idée fondamentale et le but essentiel de cette association.

Examinons donc où en est la question ; voyons ce qui a été fait jusqu'à présent par la *France Horlogère* et ce qui reste à faire qui va incomber à la Ligue.

Depuis, pour ainsi dire, le jour de sa fondation, dès le mois d'août 1901, la *France Horlogère* signalait à ses lecteurs le danger de cette concurrence. Le mois suivant — 15 septembre 1901 — elle publiait un article intitulé : « Rappel aux convenances », dans lequel un percepteur était vivement pris à partie pour faits habituels de commerce illégal — ce fonctionnaire fut, très peu de temps après, déplacé pour *irrégularités dans son service* — et publiait le texte que voici d'une circulaire du Ministre des finances en date du 1er mai 1897 :

<table>
<tr><td>MINISTÈRE
DES FINANCES</td><td>Monsieur le Trésorier-payeur
général,</td></tr>
</table>

Plusieurs administrations ont constaté que certains fonctionnaires se livraient à des opérations commerciales soit ouvertement, soit sous le couvert de prête-noms. Le gouvernement ne saurait admettre une telle situation.

Je tiens donc à rappeler, d'une manière générale, aux agents des finances que les fonctionnaires doivent toute leur activité au service de l'Etat.

Ils ne pourraient que perdre une partie de leur autorité dans cette confusion des fonctions administratives et des affaires commerciales ; ils s'exposeraient à être accusés de subordonner leurs devoirs professionnels à des préoccupations personnelles *et à être suspectés d'employer une autorité qui leur est déléguée pour assurer une juste et prompte administration, à favoriser des intérêts particuliers et à créer au commerce une concurrence facile.*

Je vous prie donc, monsieur le Trésorier-payeur général, de renouveler expressément ces prescriptions aux agents de tous ordres placés sous votre direction. Vous mettrez *en demeure d'opter* ceux qui ne s'y seraient pas conformés.

Recevez, monsieur le Trésorier-payeur général, l'assurance de ma considération très distinguée.

Le Ministre des finances,
Georges COCHERY.

Dans son édition du 1er octobre 1903, la *France Horlogère* publiait une lettre de M. Lepage-Thiéry, président du Syndicat horloger des Ardennes, à M. l'Inspecteur principal de la Compagnie de l'Est à Charleville, pour lui signaler les opérations commerciales pratiquées par les agents de cette compagnie. Voici en quels termes M. Lepage-Thiéry informait les membres de son syndicat du résultat de cette démarche :

A Monsieur Ph. Day, secrétaire.

Charleville, le 21 juillet 1903.

Monsieur et cher confrère,

M. l'Inspecteur principal de la Compagnie de l'Est, après enquête, vient de me faire savoir officiellement que des ordres ont été donnés pour arrêter la vente de nos articles, faite par des employés de la Compagnie soit pour leur compte ou comme représentants d'une maison, puisque, dans ces deux cas, ils se servent de leur facilité de voyage pour faire le placement de ces marchandises.

Vous seriez bien aimable d'aviser de suite tous les membres de la Chambre syndicale de l'entière satisfaction donnée à notre demande du 27 juin dernier.

L'arrêté de M. l'Inspecteur principal porte sur tout notre département.

Veuillez agréer, Monsieur et cher Confrère, mes sincères salutations.   *Le président*, Lepage-Thiéry.

Enhardie par ces premiers succès, la *France Horlogère* organisait, le 15 mai 1904, une pétition à M. le Ministre du commerce. Le but de cette pétition était de signaler au ministre et d'appuyer par de nombreuses signatures d'horlogers patentés un vœu de la Chambre de commerce de Besançon ainsi rédigé :

CHAMBRE DE COMMERCE DE BESANÇON
Séance du 12 avril 1904

Interdiction aux agents de l'Etat d'exercer une des professions soumises à la patente

La Chambre de commerce, après avoir pris connaissance d'une pétition de la Société des architectes de la

Lozère, s'est référée à sa délibération en date du 16 octobre 1902, et considérant que certains agents de l'Etat usent souvent des avantages que leur donnent leur situation administrative pour concurrencer les particuliers dans l'exercice de certaines professions libérales, industrielles ou commerciales, exprime le vœu qu'il soit introduit dans la future loi sur les patentes un article interdisant d'une façon absolue à tout fonctionnaire ou agent de l'Etat d'exercer, en dehors de ses attributions administratives, toute profession, industrie ou commerce soumis au régime des patentes.

Le président, Gabriel JOUVANCEAU.

Vous n'avez pas oublié, messieurs, le succès considérable qu'obtint auprès des horlogers l'initiative de la *France Horlogère*. Une multitude de feuilles de pétition lui revinrent signées de presque tous nos confrères et notamment par tous les syndicats horlogers. On avait enfin compris qu'une partie sérieuse allait s'engager, dont l'enjeu devait être la disparition d'une concurrence illégale et désastreuse.

Remise à M. Trouillot, ministre du commerce, par M. Beauquier, député du Doubs et collaborateur de la *France Horlogère*, cette pétition fut immédiatement prise en considération. Le 27 juillet 1904, le ministre adressait à M. Beauquier la réponse que voici :

Ministère du Commerce,   Paris, le 27 juillet 1904.
 de l'Industrie,
  des Postes
 et des Télégraphes.

Monsieur le Député et cher Collègue,

Vous avez bien voulu signaler à mon attention une pétition émanant du journal la *France Horlogère* et apostillée par un certain nombre de groupements professionnels et de chambres syndicales de l'horlogerie et tendant à obtenir que des mesures soient prises pour mettre un terme à la concurrence qui serait faite aux horlogers et bijoutiers patentés par des agents ou fonctionnaires de l'État et qui causerait un sérieux préjudice au commerce régulier.

J'ai l'honneur de vous informer que j'ai pris connaissance, avec le plus vif intérêt, de cette pétition et que je ne négligerai pas de faire ce qui dépendra de moi pour qu'il y soit donné satisfaction et de demander à mes collègues aux divers départements ministériels de vouloir bien rappeler aux fonctionnaires et agents placés sous leur autorité qu'ils doivent *s'abstenir complètement de se livrer à des opérations commerciales de tout genre, incompatibles avec leurs fonctions administratives.*

Agréez, Monsieur le Député et cher collègue, l'assurance de ma haute considération,

Le Ministre du commerce, de l'industrie, des postes et des télégraphes,

Georges Trouillot.

Un mois après, cette lettre était suivie d'une circulaire du Ministre du commerce à ses collègues des autres départements.

Lettre de M. le Ministre du commerce à ses collègues des autres ministères

Mon département a été saisi par un grand nombre de chambres de commerce, d'associations syndicales et de groupements professionnels, de très vives réclamations contre des opérations commerciales pratiquées par les fonctionnaires ressortissant aux divers départements ministériels, qui vendraient des articles de bijouterie et d'horlogerie, etc., et qui feraient ainsi au commerce régulier, qui paie patente et supporte de lourdes charges, une concurrence abusive contre laquelle il est absolument impuissant.

On ne saurait admettre que des agents ou fonctionnaires de l'Etat profitent de l'influence ou de la considération qui s'attachent à leurs fonctions pour se livrer à des opérations commerciales et porter parfois un sérieux préjudice aux commerçants établis.

Aussi, en raison des très vives réclamations qui me parviennent de toutes parts et afin de donner satisfaction aux intérêts très légitimes du commerce, il m'a paru qu'il conviendrait de rappeler très sévèrement aux divers fonctionnaires ou agents relevant de nos départements, les instructions très précises qui ont été formulées à ce sujet par nos prédécesseurs à l'effet d'interdire absolument à tous les fonctionnaires de se livrer à des opérations commerciales de toute nature, incompatibles avec les fonctions administratives qu'ils exercent.

J'attacherais du prix à connaître la suite que vous aurez cru devoir donner à la présente communication, que j'adresse également à tous nos collègues aux divers départements ministériels.

Le Ministre du commerce, de l'industrie
des postes et des télégraphes,
G. TROUILLOT.

Cette circulaire, reproduite par la presse parisienne tout entière, y fut fort commentée, notamment par le *Petit Journal*, dont on trouvera les appréciations dans la *France Horlogère* du 1er septembre 1904 et dont il ne nous paraît pas inutile de reproduire les lignes suivantes :

Petits dans la hiérarchie du fonctionnarisme, les gardes champêtres, instituteurs, secrétaires de mairie, appariteurs, cantonniers, agents de ville, etc., sont tout puissants dans leur commune.

S'ils peuvent faire souvent du bien, il leur est facile, personne n'étant parfait, de causer maints petits désagréments à qui se trouve en froid avec eux ; aussi chacun, dans le village, s'attache-t-il à entretenir avec ces petits potentats les rapports les meilleurs.

Comment refuser à un garde champêtre, par exemple, qui a toujours le coûteux procès-verbal suspendu sur votre tête, de devenir son client, lorsque celui-ci vous propose des marchandises dont il fait le courtage et dont la vente augmente ses si petits appointements ?

Peu de temps après, c'était le tour du sous-secrétaire d'Etat aux postes et télégraphes qui, suivant le mot d'ordre reçu de son supérieur le ministre du commerce, adressait à ses subordonnés, les agents les mieux placés peut-être pour se livrer au commerce clandestin, de nouvelles instructions dont voici la teneur :

Monsieur le Directeur,

Un certain nombre de chambres de commerce, d'associations syndicales et de groupements professionnels ont formulé de très vives réclamations à l'occasion d'opérations commerciales pratiquées par des fonctionnaires, agents et sous-agents des diverses administrations de l'Etat, telles que ventes d'articles de bijouterie et d'horlogerie, vins, alcools, etc., etc.

L'administration ne saurait admettre que son personnel profite de l'influence et de la considération qui s'attache à ses fonctions pour faire au commerce régulier une concurrence abusive et de nature à lui porter le plus grand préjudice.

Dans le but de mettre un terme aux abus signalés et aux plaintes qu'ils occasionnent, elle vous prie de rappeler d'une manière pressante et énergique aux employés placés sous vos ordres les interdictions déjà formulées à ce sujet à diverses reprises, notamment par les circulaires des 25 février 1895, 22 mai 1897 et 17 mai 1900, en les informant qu'elle est disposée à sévir très rigoureusement contre les fonctionnaires, agents et sous-agents qui lui seraient représentés comme se livrant soit directement, soit sous le couvert de prête-noms, à

des opérations commerciales incompatibles avec leurs
fonctions administratives.

Le sous-secrétaire d'Etat des postes,
télégraphes et téléphones,
Al. BÉRARD.

Et enfin, toujours dans la même année 1904, nous
avions le plaisir d'enregistrer une lettre du préfet
du Doubs visant spécialement les instituteurs de
notre région :

Besançon, le 10 octobre 1904.

Le Préfet du département du Doubs
à M. l'Inspecteur d'académie

M. le Ministre du commerce a informé M. le président
du Conseil, ministre de l'intérieur et des cultes, qu'il
avait recueilli près des chambres de commerce, d'associations syndicales ou de groupements professionnels
les preuves d'un très vif mécontentement suscité par les
opérations commerciales auxquelles se livreraient les fonctionnaires de tous ordres.

Les commerçants font légitimement valoir que ces
fonctionnaires vendant des produits manufacturés ou
des denrées sans avoir à payer patente et sans être as-
servis aux lourdes charges qu'ils supportent, leur font une
concurrence d'autant plus abusive qu'ils disposent, en
outre, de l'influence et de l'estime attachés à leurs
fonctions.

Ces considérations suffiraient déjà pour motiver une
répression sévère de semblables agissements ; mais M. le
président du Conseil désire en outre attirer mon attention sur un inconvénient plus grave encore qui pourrait
en résulter.

Un fonctionnaire ayant pris le goût du négoce et dési-
reux d'étendre à tout prix sa clientèle, peut, dans une
circonstance fortuite, voir ses intérêts personnels entrer

en antagonisme avec ceux qui lui sont confiés par le gouvernement.

Et tel, qui aurait su faire jusque-là preuve de fermeté de caractère et d'abnégation, risquerait, en de délicates occurrences, de se laisser aller à une indécision laissant prise à tous les soupçons.

Il faut reconnaître enfin que les aléas d'une situation reposant sur un fonds de commerce et livrée à l'incertitude de crises économiques ne sauraient être compatibles avec la dignité qu'en toutes circonstances les représentants de l'administration doivent garder.

M. le président du Conseil me demande de faire part de ces réflexions aux différents fonctionnaires placés sous mon autorité, *et si l'un d'eux persistait à contrevenir à des prescriptions qu'il se voit avec regret dans la nécessité de rappeler une fois de plus, je me verrais dans l'obligation d'en référer à M. le Ministre de l'intérieur afin que cet écart de conduite soit immédiatement réprimé.* *Le Préfet*, R. GODEFROY.

Cette circulaire offre ceci de particulièrement intéressant qu'elle a été écrite sur les ordres du *président du conseil*, ce qui prouve qu'un mot d'ordre général a été donné du haut en bas de l'échelle administrative.

Dans cette campagne, nous avons d'ailleurs avec nous les commis voyageurs et courtiers de toutes sortes, qui ne voient pas d'un bon œil, et cela se conçoit, les empiètements des fonctionnaires. La question était à l'ordre du jour au congrès des voyageurs de commerce tenu à Rouen en janvier, ainsi qu'en témoigne le compte rendu qu'en donnait le *Figaro* le 7 janvier dernier.

Rien de plus juste aussi que le vœu exprimé par le congrès touchant la concurrence que font aux représentants de commerce et aux commis voyageurs certains *fonctionnaires.* Car cette concurrence existe, et les orateurs du congrès nous ont fourni des détails très amusants.

On nous a cité le cas d'agents importants d'administrations publiques qui ne dédaignent point de mettre à profit leur petit prestige de représentants de l'Etat en « plaçant » autour d'eux les produits dont un industriel leur confie les échantillons ; — et celui d'un agent des télégraphes d'une grande ville du Midi qui, renseigné par les dépêches qu'il manipulait sur certaines variations de cours des blés, des huiles ou des cafés, avait fait de ces renseignements — ingénieusement utilisés ou communiqués — la matière d'un fructueux petit commerce.

Il paraît, d'ailleurs, qu'averti de ces choses, M. Trouillot s'est fâché et que même il a sévi...

Le congrès a salué d'une chaude salve d'applaudissements cette bonne nouvelle.

Vous voudrez bien excuser, Messieurs, la longueur et l'aridité de cette nomenclature. Mais il nous a paru nécessaire de définir ce qui avait été obtenu jusqu'à présent, afin que vous vous rendiez un compte exact du but auquel doivent tendre vos efforts.

Donc, à notre connaissance, trois ministres, — finances, commerce, postes et télégraphes, — la compagnie des chemins de fer de l'Est et le préfet du Doubs ont déjà formellement interdit à leurs subordonnés de se livrer à aucun acte commercial.

Mais, hélas ! il serait téméraire de croire que ces résultats, pour importants qu'ils soient, doivent nous suffire et nous ont à tout jamais débarrassés de la concurrence des fonctionnaires commerçants. Car enfin, ces circulaires ministérielles et préfectorales ne sont en résumé que la reconnaissance officielle du bien fondé de nos revendications, mais elles risquent fort de rester lettre morte si nous nous en tenons là. Les ministres qui les ont signées ne sont déjà plus au pouvoir, et il est nécessaire que leurs successeurs parachèvent leur œuvre en leur donnant **une sanction** qui a, jusqu'à présent, absolument fait défaut à toutes ces belles promesses. Car, que sert de défendre à des fonctionnaires de pratiquer le commerce, s'ils savent que cette défense peut être impunément transgressée ?

Nous avons donc l'honneur, Messieurs, de vous proposer les mesures suivantes, qui nous semblent propres à mener à bien notre tâche :

1º Adresser séance tenante au ministre du commerce une dépêche ainsi conçue :

Comité directeur Ligue contre concurrence déloyale, réuni en congrès préparatoire à Besançon et élu par dix-huit syndicats français d'horlogers-bijoutiers, présente hommages à M. le Ministre du commerce, le prie respectueusement d'agir avec énergie contre fonctionnaires de l'Etat se livrant illégalement au commerce et donner sanction disciplinaire aux circulaires déjà publiées par ses prédécesseurs.

2º Prier Monsieur le Directeur de la *France Horlogère* de bien vouloir publier le présent rapport dans un de ses prochains tirages. Quelques exem-

plaires seront mis à la disposition des dix-huit syndicats adhérents. Les présidents de ces syndicats
voudront bien saisir de ce rapport le préfet et la
chambre de commerce de leur département, en les
priant instamment de bien vouloir transmettre et
appuyer le vœu de la chambre de commerce de
Besançon, ainsi présenté :

*Le syndicat de..., considérant que certains
agents de l'Etat usent souvent des avantages
que leur donne leur situation administrative
pour concurrencer les particuliers dans l'exercice de certaines professions libérales, industrielles et commerciales, exprime le vœu qu'il
soit introduit dans la future loi sur les patentes
un article interdisant d'une façon absolue à
tout fonctionnaire ou agent de l'Etat d'exercer,
en dehors de ses attributions administratives,
toute profession, industrie ou commerce soumis
au régime des patentes...*

et complété par ces mots :

*... et qu'en attendant le vote de cette loi, des
mesures disciplinaires soient prises contre les
fonctionnaires qui enfreindraient les circulaires
ministérielles interdisant aux fonctionnaires
de faire acte de commerçant.*

3° Adresser le présent rapport au journal *le Matin*,
qui organise, pour le mois de juin prochain, un
congrès du commerce à Paris, avec prière de le
faire examiner par une commission d'études afin
qu'il y soit donné la suite qu'il comporte.

4° A l'issue de la réunion du comité, une lettre sera adressée au ministre des travaux publics pour le prier d'user de son influence auprès des grandes compagnies de chemins de fer en vue de faire cesser tout trafic commercial de la part des agents de ces compagnies.

5° Les syndicats adhérents devront, toutes les fois qu'ils le pourront, signaler au préfet de leur département, *avec pièces à l'appui*, les fonctionnaires vendeurs.

Nous nous permettons, Messieurs, d'attirer votre attention sur notre proposition d'une démarche de tous les syndicats adhérents auprès des préfets de leur département. Il est évident qu'un vœu identique, présenté presque simultanément par un aussi grand nombre de syndicats, transmis et appuyé immédiatement auprès des pouvoirs publics par les préfets, ne pourrait qu'avoir un résultat décisif, car il ferait la preuve d'une organisation sérieuse, bien décidée à faire respecter les droits de ses commettants.

Quant à la dernière mesure proposée, ne nous laissons pas arrêter par de vains scrupules. Certes, pas plus chez les horlogers-bijoutiers qu'ailleurs on n'aime à commettre un acte qui de près ou de loin ressemble à la délation. Mais nous vous prions de considérer qu'ainsi organisée en une sorte de service public pour la défense des *intérêts collectifs* de toute une corporation, la Ligue contre la concurrence déloyale ne sera jamais accusée d'un acte indélicat. D'ailleurs, le tort qui nous est ainsi fait par les fonctionnaires est plus que suffisant pour que nous devions considérer comme de. bonne guerre toute mesure propre à enrayer une concurrence illégale et de jour en jour plus formidable.

Le rapporteur,

Maxime FERNIER ,

Président du Syndicat de la Fabrique d'horlogerie
de Besançon.

LA QUESTION DES APPRENTISSAGES

Rapporteur : **M. A. BOUDRA**

Délégué du Syndicat de Lyon

Messieurs,

Bien que je sois très honoré d'avoir été désigné pour représenter à ces réunions les horlogers syndiqués de la région lyonnaise; bien que je sois très flatté d'avoir été chargé de traiter ici ces deux questions importantes des apprentissages et des marques de vente, je ne vous dissimulerai pas mon embarras, particulièrement en ce qui concerne les apprentissages.

Je suis, en effet, aussi bien placé que possible pour que les critiques que je vais être obligé de faire soient mal interprétées. Il sera facile de les accueillir avec ce sourire et ces sous-entendus railleurs qui sont comme le bouclier destiné à émousser les premières flèches. On pourra, en un mot, penser que je montre le bout de l'oreille.

Je me hâte donc de dire, pour ceux qui entendraient plaisanter, que je considère ces choses avec la gravité qu'elles comportent et que même les sarcasmes ne sauraient ébranler une conviction déjà vieille de plus de vingt ans et qui n'a fait que se consolider par la réflexion et l'observation des faits.

D'ailleurs, si les circonstances me font le porte-parole de mes collègues à cette réunion, les idées que je vais émettre ne me sont pas toutes personnelles et les mêmes critiques ont été formulées depuis longtemps déjà par des personnes autrement considérables.

Si, d'une manière générale, on doit penser que la valeur professionnelle des ouvriers est un facteur indispensable des progrès industriels et de la prospérité commerciale, on doit reconnaître que cette vérité économique est plus saisissante dans les industries d'art comme l'horlogerie. Aussi, sans m'étendre autrement, suis-je convaincu que nulle amélioration commerciale durable ne peut être espérée si elle n'est basée sur une virile éducation professionnelle que seule peut donner la qualité des apprentissages intelligemment organisés.

Celui qui penserait le contraire devrait, tout d'abord, nous démontrer que de l'ignorance et de l'incapacité professionnelles on peut attendre le relèvement par tous. Car il n'y a pas de milieu : les apprentissages seront bons et ils donneront les résultats souhaités, ou bien ils seront mauvais et, par conséquent, inutiles.

Un apprentissage sérieux ne doit pas avoir seulement pour résultat de donner à l'artisan une plus grande valeur d'utilisation professionnelle; il doit avoir aussi cet autre avantage considérable de faire naître et de développer chez le praticien l'amour de son métier. Or, celui qui aime son métier n'ac-

ceptera jamais de le voir déconsidérer ou avilir; il
en est comme le soutien, le défenseur naturel : il a
conscience de sa dignité professionnelle. Mais, en
outre, celui qui aime son métier est naturellement
sympathique à ceux qui l'aiment aussi. Il y a, entre
artisans également épris de leur profession, une
communion d'idées et d'aspirations, une sorte de pa-
triotisme professionnel, établissant comme un courant inéluctable de sympathie, d'intérèt et de sentiment, condition première d'une attraction mutuelle
dont doit dépendre l'entente générale indispensable.

Un bon apprentissage doit donc assurer à la fois
l'instruction et l'éducation professionnelles de l'horloger; il doit cultiver son cerveau, exercer sa main,
éduquer son cœur.

Notre intérêt immédiat bien compris nous dicte,
d'ailleurs, le même devoir, car les résultats heureux
ne pouvant tarder longtemps de se faire sentir, chacun de nous recueillera incontestablement sa part de
l'amélioration générale.

Demandons-nous si nos apprentissages actuels ré-
pondent à ces aspirations.

Vous ferez vous-mêmes la réponse négative qui
me vient aux lèvres.

Nos apprentissages se font, soit à l'atelier, soit à
l'école. Entreprenons la critique de ces deux modes
et tâchons d'en tirer les meilleures conséquences.

Mais il est bien entendu que je n'ai nulle intention
de généraliser absolument : il y a du plus et du
moins, et s'il existe, parmi les patrons d'apprentissage, des exploiteurs — inconscients, je veux le

croire — des adolescents, il en est incontestablement qui font de leur mieux.

L'atelier a le grand avantage de placer l'apprenti dans l'atmosphère vitale de son métier. A l'atelier, l'enfant est déjà un facteur industriel : il apprend à satisfaire les besoins d'une clientèle. Il répète assez souvent les mêmes exercices pour acquérir l'habileté manuelle et devenir le producteur intensif dont la valeur assurera le salaire, gage de son bien-être, de sa dignité, de son indépendance. La grande diversité des travaux qu'il exécute lui donne une expérience très suffisante au début de sa carrière.

Mais un programme est indispensable et, ordinairement, les patrons n'en ont pas ; les apprentis font surtout ce qui se présente, leur apprentissage n'est pas gradué et leurs travaux obéissent aux fluctuations d'une alimentation capricieuse. En outre, la théorie est très négligée à l'atelier où le patron, eût-il toutes les capacités désirables, n'a jamais le temps de l'enseigner.

Enfin, disons-le courageusement : le contrat d'apprentissage a fait faillite et, trop souvent, le patron et l'apprenti cherchent à se tromper mutuellement : l'apprenti, en quittant son patron avant l'époque convenue, le patron, en n'instruisant pas son apprenti, dans la crainte que celui-ci ne le quitte trop tôt.

L'atelier ne peut donc fournir que des *praticiens* — plus exactement, je devrais dire des *manuels* — ayant appris surtout des traditions, pas toujours bonnes, et des procédés d'exécution rapide, plus rarement recommandables. Ces ouvriers là sont à peu près des manœuvres, tout au moins des empiriques.

Or, si de tous temps les connaissances théoriques ont été nécessaires pour la pratique intelligente de notre profession, nous sommes obligés de reconnaître qu'à notre époque de prix avilis et de fabrication à la course, nos montres et nos pendules noûs sont rarement fournies en bon état et que le rôle du rhabilleur qui, ayant vendu ou réparé une machine horaire, devient garant de sa marche, est devenu comme le redresseur de torts de la fabrique et, par conséquent, doit connaître règles et lois qui président à la marche normale des objets dont il a la responsabilité.

A ce point de vue, l'école présente des garanties beaucoup plus sérieuses; en outre l'école assure une meilleure éducation de la main, la qualité de l'exécution y étant plus sévèrement exigée.

Mais à l'école il manque cette ambiance nécessaire pour former des artisans experts; l'école ne procure ni l'habileté manuelle ni les connaissances expérimentales et elle ne peut pas les procurer, parce qu'elle ne travaille pas pour la clientèle, dont elle ignore les besoins. L'école qui se propose de préparer des ouvriers du lendemain, de l'avenir, devrait être à la tète des progrès industriels, alors qu'elle est remorquée par eux et les reflète seulement.

Une autre raison s'oppose à ce que les écoles fournissent des praticiens experts, et cette raison, elle est dans les expositions.

Il est admis que les récompenses obtenues aux

expositions consacrent une école. L'école devra donc faire l'impossible pour arriver en bonne place : elle présentera des travaux de longue haleine, des travaux d'apparat, qui pourront à juste titre être jugés comme chefs-d'œuvre et, pour l'exécution de ces chefs-d'œuvre, elle n'aura garde de choisir les moins adroits, les moins intelligents ; elle prendra évidemment ses élèves les mieux doués et les immobilisera, durant de longs mois, à l'exécution de véritables travaux de bénédictins, n'ayant rien de commun avec les travaux courants de l'industrie.

Ainsi s'explique l'insuffisance de sujets, même admirablement organisés, dans les travaux relativement simples qui s'offrent à eux au début de leur carrière.

Et l'on arrive à cette constatation stupéfiante que l'école, dont le but essentiel était de remédier aux abus de l'utilisation de l'enfant au profit du patron, a été amenée à utiliser elle-même les jeunes gens à son profit.

Nous voyons donc que l'école et l'atelier ont leurs qualités et leurs défauts respectifs. Qu'y aurait-il à faire pour que les apprentissages fussent à l'abri de ces défauts et pussent bénéficier de ces qualités ?

Le remède est simple. Nous constatons qu'il manque à l'atelier les qualités de l'école et à l'école les qualités de l'atelier ; il faudrait donc mettre l'école dans l'atelier ou l'atelier dans l'école. Nous aurons de la sorte, non une école, non un atelier, mais une *école-atelier*.

Faire des horlogers cultivés, habiles de la main et virilement éduqués ; préparer ainsi de fervents et loyaux défenseurs de notre art, des artisans dignes de considération, dignes de la confiance de leurs patrons d'abord, de leurs clients plus tard, tel est le but vers lequel nous devons tendre.

Mais, pour arriver à ce but, je conviens que nous devons considérer surtout la valeur pratique de notre action, procéder par étapes successives et commencer par les améliorations les plus immédiatement réalisables.

Nous ne pouvons rien réaliser immédiatement du côté des écoles officielles et nous devons porter nos premiers efforts d'amélioration vers les ateliers privés.

Patrons et apprentis devront être encouragés et l'encouragement devra venir des syndicats, qui pourront se faire seconder dans cette œuvre par les pouvoirs publics ou des associations spéciales : municipalités, départements, Etat, chambres de commerce, sociétés d'encouragement à l'enseignement professionnel, etc.

Les syndicats s'inspireront des considérations suivantes :

Il n'est ni possible ni désirable de limiter le nombre des apprentis, nulle atteinte ne devant être portée à la liberté des vocations; mais ce que nous devons faire, dans l'intérêt de la profession et aussi dans l'intérêt propre des futurs horlogers, c'est de n'accepter dans notre corporation que des sujets convenablement doués.

Nous arrèterons donc que seuls les jeunes gens ayant les aptitudes nécessaires pourront faire un apprentisssage sous le patronage des chambres syndicales horlogères.

Il importe que l'apprenti acquière, sous l'œil même de ses maîtres d'apprentissage, l'habileté saine, respectueuse des principes reçus.

L'apprentissage devra donc tendre à la formation d'ouvriers *immédiatement utilisables*.

Il importe aussi que l'apprenti puise l'encouragement au travail et à l'effort dans ce fait même que l'œuvre de ses doigts sera utile.

L'atelier d'apprentissage devra donc travailler pour la clientèle.

L'apprentissage sera théorique, manuel, expérimental.

La théorie serait beaucoup plus profitable si elle était enseignée à l'atelier même et par celui qui en dirige l'application; mais, en attendant l'éclosion de ces ateliers scolaires, il conviendra d'organiser des cours spéciaux à l'usage non seulement des apprentis, mais aussi des ouvriers.

Les chambres syndicales s'organiseront pour le recrutement des apprentis. Pour cela, elles feront connaître au public, par la voie de la presse et par des affiches apposées dans les écoles, qu'elles centralisent le placement des apprentis horlogers.

Les jeunes gens seront placés, sur leurs indications, chez des horlogers syndiqués acceptant un programme manuel minimum.

Les ateliers d'apprentissage seront visités périodiquement par une commission technique composée exclusivement de membres syndiqués pris en dehors des patrons d'apprentissage.

Pendant les trois premiers mois de leur séjour dans un atelier d'apprentissage, les jeunes gens seront soumis à une observation spéciale dans le but de préjuger les qualités du futur ouvrier.

Ceux qui seront dépourvus des facultés nécessaires seront renvoyés. Ils ne pourront se placer, en qualité d'apprentis, dans aucun atelier syndical.

Les chambres syndicales s'efforceront de faire créer des cours théoriques spéciaux que leurs pupilles seront tenus de suivre régulièrement.

Chaque année, les chambres syndicales organiseront des concours d'apprentis auxquels pourront prendre part leurs pupilles exclusivement.

Le temps minimum de l'apprentissage sera de trois années.

Lorsqu'un patron d'apprentissage voudra se charger de l'enseignement théorique (calcul, géométrie, physique, dessin, technologie), le syndicat auquel il appartiendra ou, mieux, la Fédération, fera les démarches nécessaires pour que ce patron reçoive une subvention, en raison de l'enseignement théorique donné par ses soins et en raison du nombre de ses apprentis. Ainsi seront insensiblement constitués les écoles-ateliers de l'avenir.

Les jeunes gens ayant fait au moins trois ans d'apprentissage pourront prendre part à un examen final que les chambres syndicales organiseront annuellement, pour l'obtention d'un diplôme d'ouvrier. A cet examen final pourront prendre part également des ouvriers non munis du diplôme, qu'ils aient fait ou non leur apprentissage sous le patronage des chambres syndicales.

Le diplôme syndical d'ouvrier assurera au titulaire le droit à l'appointement et aux prix de façon minima arrêtés par les chambres syndicales.

Les horlogers s'engageront à occuper préférablement des ouvriers pourvus du diplôme syndical et ceux-ci s'engageront également à travailler de préférence chez des horlogers syndiqués.

Exemple de programme manuel minimum

1re ANNÉE

Exercices élémentaires de lime et de tour, fraises, forêts, tarauds, broches de tour, etc.; pièces détachées de pendules, gros pivotages, rapports de pivots et de dents, principes généraux des engrenages et des échappements de pendules, rhabillages d'horloges, pendules, réveils.

2e ANNÉE

Travaux plus délicats de lime et de tour; montres : ponts, ressorts de côté, de mise à l'heure, arbres de barillets, tenons à vis, gros pivotages, rapports de pivots, spiraux plats, échappements à cylindre et à ancre.

3e ANNÉE

Pivotages d'échappements, plantages, sertissages, pièces détachées, rhabillages, réglages.

Les chambres syndicales s'organiseront de même pour faire le placement des ouvriers.

Trois ans après l'établissement de ce régime de l'apprentissage et la création des cours théoriques, les chambres syndicales aborderont l'établissement d'un minimum d'appointement mensuel et d'un minimum des prix de façon.

Tel est l'esprit du système que j'aimerais voir appliquer partout en France.

Chaque région pourrait le modifier en raison du caractère de ses habitants; les résultats en seraient centralisés à la Fédération et, par la comparaison des résultats obtenus, nous pourrions tout d'abord juger des qualités ou des défauts de chaque organisation, puis modifier telle ou telle dont les résultats . seraient moins satisfaisants.

J'appelle spécialement votre attention sur la souplesse d'adaptation à nos mœurs, très libertaires en matière d'apprentissage, de ce système d'obligation, souplesse d'adaptation absolument indispensable, à mon avis.

J'appelle votre attention sur ce fait que le mode de recrutement des apprentis nous assurerait que, dans la société future, les horlogers seraient bien à leur place, qu'ils auraient la mentalité professionnelle qui convient pour devenir conscients de leur dignité, de leurs devoirs et de leurs droits, et que, mieux que nous et nos prédécesseurs, ils sauraient soutenir et défendre les intérêts — similaires, quoi qu'on dise — du public et des horlogers, pour le plus grand bien d'une des plus belles branches de l'industrie française.

J'ai donc l'honneur de vous proposer le vœu suivant :

« *Le Comité directeur de la Ligue,*
» Considérant :

» Que la valeur professionnelle de l'horloger, à condition qu'elle puisse être mise en évidence, est pour lui un sûr et loyal garant de prestige, éminemment propre à attirer l'attention, retenir la confiance et assurer la fidélité de sa clientèle ;

» Qu'elle est conséquemment un facteur indispensable de la prospérité commerciale de l'horloger rhabilleur ;

» Que cette valeur professionnelle des futurs horlogers devant dépendre de l'instruction professionnelle qu'ils auront reçue, il y a lieu de modifier les modes actuels d'enseignement de l'horlogerie, reconnus insuffisants, de créer des ateliers d'apprentissage réunissant toutes les qualités de l'école et toutes les qualités de l'atelier et ayant pour objectif la formation d'horlogers rhabilleurs *immédiatement utilisables* et conscients de leur dignité,

» Emet le vœu :

» Que les syndicats s'organisent pour encourager de leur mieux l'apprentissage théorique, manuel et expérimental des seuls jeunes gens reconnus aptes à devenir des horlogers dignes de ce nom. »

Le Comité directeur de la Ligue contre la concurrence déloyale a adopté à l'unanimité le vœu ci-dessus.

NÉCESSITÉ DES RAPPORTS AMICAUX

ENTRE LES SYNDICATS ET LES FABRICANTS

Nécessité d'une entente cordiale en vue d'une action commune contre les ennemis de la corporation.

Rapporteur : M. SOUCHET

Délégué du Syndicat d'Angoulème

Messieurs,

La compréhension très nette des aptitudes et du caractère a permis à notre excellent collègue, M. Morel-Fourrier, premier élu au Comité de la Ligue, d'attribuer à chacun le rôle qu'il doit tenir dans les discussions en cours. Avec un choix judicieux, nous avons été priés d'étudier la question qui nous a le plus occupé ; je suis certain qu'avec moi vous vous félicitez d'une tâche aussi bien préparée.

M. Morel-Fourrier ne m'en veut pas, je l'espère, des soucis que je lui ai causés tout d'abord. J'ai bien compris l'impression pénible qu'il a dû ressentir à la nouvelle de notre recul d'un jour ; mais la Charente n'envoyait pas sa démission sans espoir de retour : c'est en effet ce qui est arrivé très vite, grâce au Syndicat de Besançon, qui n'a pas voulu donner l'hospitalité aux horlogers-bijoutiers de France sans faire lui-même les honneurs de sa maison.

Le distingué représentant de Lyon, cette belle ville où je conserve de très anciennes et très solides amitiés, voudra bien recevoir ici l'hommage de notre reconnaissance pour les soins éclairés qu'il apporte à l'instruction professionnelle de nos jeunes gens.

Enfin, Messieurs, Dijon nous envoie M. Dubret : l'entente de la Ligue et de la Fédération devient inévitable.

*
* *

« De la nécessité des rapports amicaux entre les
» syndicats et les fabricants. Nécessité d'une entente
» cordiale en vue d'une action commune contre les
» ennemis de la corporation. »

Telle est la question que notre Comité m'a chargé d'étudier. Bien que très incomplètes, permettez-moi, Messieurs, de vous exposer les réflexions qui vont suivre, en vous priant de m'aider dans mes conclusions :

M. le président du Syndicat des fabricants de Besançon voudra me permettre de vous indiquer le but et l'esprit de la correspondance, qu'avant toute autre, j'ai cru devoir engager avec lui. Nous sommes tous les deux d'accord en ce qui concerne la nécessité d'entretenir des rapports amicaux entre le fabricant et le détaillant; mais comment organiser officiellement ces bonnes relations, demande M. le président.

Une première réponse s'impose : c'est la ferme

volonté réciproque de rester chacun dans son rôle :
l'un de ne vouloir connaître que l'horloger-bijoutier
détaillant ; celui-ci de reconnaître la loyauté du fa
bricant par sa fidélité dans les achats, c'est-à-dire
l'exclusion de tout fabricant notoirement connu pour
rechercher la vente au détail.

Mais comme la violence amène la violence, examinons la situation du fabricant vis-à-vis le public :
nous serons alors mieux disposés à faire toutes les
concessions acceptables au vrai fabricant qui ne re-
cherche et n'a intérêt qu'à rechercher la clientèle du
détaillant.

Il est certain que l'on ne peut pas empêcher les
particuliers de s'adresser directement à un fabricant.
Cette maison que l'on sollicite doit-elle refuser une
vente qui échapperait peut-être à nous tous ou aurait des chances d'aller au comptoir à réclame ?

D'abord, qu'est-ce qui prouve que la vente irait
à la réclame ? Nous sommes, au contraire, auto-
risé à penser différemment, puisque l'on n'a pas
voulu s'en rapporter à la quatrième page des
journaux et que l'on a préféré l'autre fabricant.
Ensuite et surtout, nous pensons que la maison sollicitée peut refuser d'entrer en relations directes
avec un particulier, parce qu'avec la lettre de demande et la preuve de son refus, cette maison se
fait une réclame énorme auprès des horlogers-bijoutiers détaillants.

Cependant, Messieurs, plusieurs autres solutions
se présentent :

Vous n'avez pas été sans recevoir de la part de
vos fabricants attitrés un avis vous informant que

M. un tel, de votre ville, désirait faire un achat et que vous lui étiez recommandé. L'honnèteté la plus élémentaire vous a fait livrer de préférence une pièce provenant de ce fabricant. Si le choix s'est porté sur le modèle d'un autre fabricant, peu importe : il y a un vide dans votre assortiment. Vous n'avez pas oublié le procédé : vous avez réservé votre prochaine commande à qui elle était loyalement due et vous l'avez au moins doublée.

Dans le cas où le particulier s'adresse au fabricant parce qu'il ne veut pas avoir affaire à son horloger-bijoutier pour un motif quelconque, un cadeau discret, par exemple, ou probablement un vieux compte en retard, le fabricant ne peut-il pas dire à ce client d'occasion : « Vous avez, dans votre ville, MM. X., Y., Z., qui vous livreront des pièces de ma fabrication ? » L'horloger-bijoutier, averti, fera certainement son prix conforme à celui qui aurait été consenti en fabrique; non pas le prix de gros, bien entendu, car nous voulons croire encore qu'il n'y a pas de fabricant assez besoigneux et assez imprudent pour se contenter de quelques francs sur une seule montre vendue par hasard. Ces réflexions s'appliquent également au bijou, à l'orfèvrerie, etc.

Nous voici, Messieurs, en face d'une proposition qui pourrait bien avoir l'assentiment d'un grand nombre; je m'en suis entretenu avec M. le président du Syndicat de Besançon; qu'il me permette, à nouveau, de rappeler une de ses phrases : « Maintenant que tout acheteur a la manie de vou- » loir acheter en fabrique, ce qui fait la force de

» nos adversaires, il faudra tôt ou tard qu'on en
» arrive à envisager la question d'une remise, par
» les fabricants, sur les ventes qu'ils pourraient
» faire au détail. »

M. le président du Syndicat de Besançon admet
avec moi que le principe est dangereux. En effet,
Messieurs, ce serait la porte ouverte aux relations
directes entre la fabrique et nos clients naturels.
Sachons donc refuser un bénéfice aléatoire, dans
tous les cas un bénéfice peu élevé, sur une vente
faite dans ces conditions et revendiquons hautement,
fabricants et détaillants, le droit que nous avons de
conserver la place qui revient à chacun.

Ne croyez-vous pas, Messieurs, que les rapports
entre les syndicats et les fabricants ne sauraient
être qu'amicaux si les choses se passent de la sorte?
Eh bien! nous ne sommes point éloignés de cette
entente, puisque nos fournisseurs habituels sont avec
nous, à la Ligue, pour combattre les ennemis communs de la corporation. Les fabricants savent très
bien qu'il ne peut y avoir d'unité sans cordialité et
sans confiance; nous leur accordons sans réserve
l'une et l'autre.

A présent, voyons ensemble quels sont nos adversaires, comment ils opèrent; nous trouverons certainement des armes pour lutter avec avantage.

Il n'est peut-être pas hors de propos de faire justice immédiate d'un concurrent dont on a beaucoup
parlé : la bicyclette. Là, je me déclare désarmé. Il
faut lui pardonner beaucoup : elle a tant de char-
mes !

On jette aussi le blâme sur la mode; peut-être !

Nos grands-pères aimaient les montres; les rois donnaient des tabatières; maintenant les puissants du jour accordent leurs faveurs sous une forme moins compliquée.

Enfin, la bonne montre elle-même n'est-elle pas un concurrent? Excusez-moi, Messieurs, de rapporter un fait personnel :

Je n'ai pas encore oublié le regard de pitié avec lequel un portier d'hôtel, à Milan, me vit inscrire « horloger » à la suite de mon nom. Intrigué, je lui dis : « Oui, horloger. — Ah ! Monsieur, je l'ai été, mais je ne le suis plus : ça ne s'use pas, les montres. »

Ça ne s'use pas !

Malgré cette concurrence, vendons toujours et quand même de bonnes montres.

Nous allons en finir avec les montres, si vous le voulez, Messieurs.

D'après les renseignements recueillis aux sources les plus autorisées, la fabrique de Besançon approuve les rapports amicaux des syndicats de France avec elle ; la fabrique désire leur continuité, car la masse et la cohésion pourront, seules, réagir contre la concurrence déloyale.

La fabrique se répartit ainsi, comme vous le savez : les grossistes, d'abord, qui vendent à certaines maisons de Paris et de province faisant elles-mêmes le demi-gros ; ces dernières s'adressent aux horlogers-bijoutiers détaillants.

Nous savons que les grossistes et les fabricants dits de demi-gros ne vendent pas au détail.

Puis, les comptoirs qui traitent directement avec

le public et les fonctionnaires; ces comptoirs font surtout leurs affaires par la réclame et les envois à condition, avec affranchissement pour le retour. Quant à la qualité de la marchandise, ils vendent de tout.

Ils vendent de tout! Entendez bien, Messieurs : beaucoup de montres bon marché, sans doute, mais aussi de bonnes montres. Nous comprenons, à la rigueur, que la surproduction cherche un écoulement; mais pourquoi faut-il qu'une belle et bonne montre passe par de tels intermédiaires sans autre nom d'auteur que le nombre des rubis et la courbe de son spiral gravés sur la cuvette? Voilà un problème que la Ligue voudra résoudre avec le concours indispensable et tout indiqué des fabricants de gros et de demi-gros.

Tout s'enchaîne dans le programme que la Ligue s'est tracé. Nous y lisons, en effet (8e question), que l'on examinera les conditions du contrat d'apprentissage et la multiplication des apprentis. M. le Directeur de l'Ecole d'horlogerie de Lyon, dont la parole fait autorité, vous dira, j'en ai la conviction, que l'instruction professionnelle de beaucoup de jeunes gens laisse trop à désirer : c'est pourquoi ses efforts tendent constamment au relèvement de l'apprentissage.

L'horloger mal instruit dans son métier devient, malgré sa constance et sa probité, un concurrent non pas déloyal, à proprement parler, mais l'une des causes de la méfiance du public à l'endroit d'un trop grand nombre d'entre nous.

Soyons francs. S'il arrivait un accident à votre

montre, que je sais parfaite, lorsque vous êtes en voyage — ailleurs qu'à Besançon, s'entend — n'hésiteriez-vous pas à la donner au premier magasin venu ? Je n'insiste pas.

A côté de ces pauvres horlogers de nom, combien d'artistes nous entourent, ici même ! Ce n'est pas sans un sentiment d'orgueil que votre rapporteur se réclame du titre d'ancien élève de l'école d'horlogerie de Besançon. La vue de ses jeunes camarades lui procure une joie infinie et lui rappelle ses amis d'alors, dispersés à travers la France. Nous n'avons jamais perdu le souvenir de nos maîtres et nous leur adressons notre salut respectueux et reconnaissant.

Enfin, salut à vous aussi, ouvriers de Besançon, qui portez si haut et si loin le renom de l'horlogerie française. C'est cette renommée que nous ne voulons pas voir passer en des mains étrangères à notre belle profession. Nous sommes venus ici pour mieux vous connaître, dissiper les malentendus s'il en existe et contracter une alliance durable entre les producteurs et les horlogers-bijoutiers détaillants.

Je voudrais terminer ainsi, Messieurs ; cependant la nécessité d'une entente cordiale en vue d'une action commune m'oblige à d'autres considérations.

Voyons Paris :

La clientèle achète-t-elle de préférence en fabrique ?

— Nous ne pouvons nous dissimuler qu'il y a une tendance marquée à acheter en fabrique. C'est d'ailleurs ce qui a amené un certain nombre de boutiquiers à se dire fabricants, puisque la clientèle particulière s'imagine volontiers qu'elle paie moins cher en s'adressant à un fabricant. Cette tendance est grandement favorisée par une catégorie de fabricants qui font une publicité discrète mais très efficace auprès de la haute société de Paris et de la province. Il va sans dire qu'étant sollicitée, cette clientèle obtient facilement des choix et du crédit.

Les fabricants ont-ils des prix différents pour les particuliers et pour les boutiquiers ?

— En principe, oui ; mais, sur ces prix spéciaux à la clientèle particulière, le fabricant peut faire aisément des concessions qui rendent impossible la concurrence du boutiquier.

Bien que les rapports entre fabricants et boutiquiers soient faciles, en général, on comprend qu'ils deviennent moins souples avec le fabricant qui fait la clientèle particulière. On sent cette concurrence réciproque, d'où une gène inévitable dans la transaction.

Je m'excuse, Messieurs, de retenir aussi longtemps votre attention ; il est nécessaire pourtant de nous éclairer, de ne pas entendre une seule cloche, si je puis m'exprimer ainsi.

Quelle est donc l'origine de ce développement marqué des affaires entre particuliers et fabricants ?

— Il est certain que l'une des causes qui ont facilité ce développement réside dans la tendance du public à vouloir toujours du nouveau, toujours des modèles de bijoux inédits. Le boutiquier a été amené à créer des modèles qu'il fait exécuter par le fabricant ; ce dernier s'est vite dit qu'en soumettant directement ses propres modèles à la clientèle parti-

culière il aurait beaucoup plus de chance de les
écouler avec un bénéfice naturellement plus élevé.

Depuis quelque temps les fabricants sont devenus
rigoureux dans la remise des choix à condition,
parce qu'ils veulent se réserver un stock suffisant
pour la clientèle particulière. Il faut reconnaître
aussi que bien souvent le boutiquier demande au
fabricant un choix pour faire nombre, mais qu'il
pousse toujours ses modèles sur dessin. Parfois
même l'exécution n'est pas donnée au fabricant qui
a confié le choix.

C'est à peine si j'ose vous entretenir d'un fait,
exceptionnel, heureusement. Il le faut, néanmoins,
puisque nous avons résolu d'entendre toutes les
doléances :

Un bijoutier détaillant demande un choix de bijoux à un commissionnaire qui m'a prié de ne pas
le nommer. Comme ce bijoutier n'est pas connu du
commissionnaire, il donne des références à prendre
dans deux maisons où il a fait, au comptant, des
affaires insignifiantes. Les renseignements n'étant
pas mauvais et le bijoutier promettant de retourner
sous quelques jours le montant de l'achat avec le
non-choix, le commissionnaire se décide à expédier,
mais avec une facture qui stipule bien que la marchandise est confiée à titre de dépôt.

Le bijoutier détaillant ne retourne pas le choix,
Messieurs, et le commissionnaire se voit dans l'obligation de porter plainte au parquet. Le procureur
de la République, le procureur général ont considéré l'affaire comme relevant du tribunal de commerce et n'ont pas voulu poursuivre. Le commis-

sionnaire ne se sentant pas protégé par la loi fait traite sur le bijoutier qui ne paie pas : c'est un vol, et la marchandise vendue à vil prix constitue évidemment, pour le commerçant honnête, un fait de concurrence déloyale. N'est-il pas urgent que la Ligue retienne un tel fait, qui ne doit pas se renouveler si notre groupement possède assez d'influence sur les procureurs et les force à sévir ?

Rapports entre fabricants et boutiquiers. — Point spécial des renseignements commerciaux

Il existe à Paris un certain nombre d'agences de renseignements commerciaux qui sont en même temps des banques de petite envergure.

Leur fonctionnement est des plus néfaste, car il est basé sur un véritable chantage. Quand un fabricant demande des renseignements sur un boutiquier à l'une de ces agences, un employé de cette agence se rend chez le boutiquier, l'informe du genre de renseignements demandé et de son désir de le donner excellent, mais il y met une condition : c'est que le boutiquier lui prenne un carnet de 25 ou 50 fiches à 3 fr. la fiche, moyennant quoi les renseignements sont bons. Inutile d'ajouter que, dans le cas contraire, les renseignements laissent à désirer ou sont tout à fait mauvais, suivant la façon dont le boutiquier a accueilli la proposition.

Cette pratique nuit d'abord au boutiquier, qui est privé de crédit dans telle et telle maison. Mais elle nuit aussi au fabricant qui, par crainte, refuse de faire affaire avec tel boutiquier offrant souvent de meilleures garanties que tel autre qui n'aura obtenu une bonne fiche qu'en la payant d'un carnet de 75 ou 100 francs.

Il y a là, nous le répétons, un véritable chantage auquel on ne peut actuellement échapper qu'en prenant dans les cinq ou six agences de renseignements le carnet de fiches obligatoire.

Passons au plus vite à la province.

Il résulte d'une statistique soigneusement établie dans un magasin de Paris, qu'il s'y fait 30 0/0 des affaires avec les clients des départements ; ceux-ci n'ont jamais paru trouver les prix plus élevés qu'en province. Les articles que l'on fait venir le plus aisément et le plus souvent de Paris sont les bronzes, l'horlogerie et l'orfèvrerie.

Notre honoré collègue, M. Dubret, a bien voulu me remettre une note détaillée sur les relations trop faciles de nos clients avec la fabrique.

M. Dubret n'approuve pas les détaillants qui croient bien faire en envoyant leurs clients choisir directement chez le fabricant, à condition que celui-ci leur réserve une commission déterminée.

Dans ces conditions, l'affaire traitée cette fois peut offrir des avantages au détaillant, mais le client connaît désormais l'adresse du fabricant et lui envoie ses amis et connaissances, pas toujours d'une façon désintéressée, car vous connaissez tous ce monsieur qui a un ami commissionnaire à Paris. S'il s'agit d'un mariage, on n'a pas pu faire autrement ; le jeune homme a voulu faire ses achats à Paris à cause de l'ami ; et puis, on a eu au prix de fabrique !

Non, Messieurs, et je le dis plus haut : il ne faut

pas ouvrir la porte aux relations directes entre la fabrique et nos clients naturels; je suis heureux que le président de la Fédération partage cette opinion.

N'est-ce pas un fait de concurrence déloyale au premier chef que des officiers ministériels, notaires, huissiers, etc., puissent recevoir et accueillir des prospectus dans lesquels on leur offre une gratification de 3 à 5 0/0 s'ils donnent l'adresse de bijoutiers voulant se défaire en bloc des objets contenus dans leur magasin?

Au lieu de payer leurs fournisseurs, les commerçants malhonnètes font disparaître ainsi la plus grande partie de leurs marchandises qui sont vendues à vil prix aux maisons qui leur envoient également ces prospectus.

Voilà des ventes qui viennent faire une concurrence désastreuse non seulement aux détaillants, mais encore aux commissionnaires et même aux fabricants, car on solde, le plus souvent, au-dessous du prix de revient en fabrication.

La Ligue a le devoir de couper court à de semblables opérations.

Je vous remercie, Messieurs, de toute la bienveillance que vous venez de me témoigner en écoutant cette longue suite de plaintes.

Assurément, nous avons le droit de nous plaindre; mais nous devons aussi regarder l'avenir avec confiance, car nous avons des amis nombreux qui sont prêts à joindre leurs efforts aux nôtres. Vous en aurez la preuve, Messieurs, si vous voulez bien me permettre de vous donner connaissance de la belle lettre du président de l'Association des commerçants d'An-

goulème ; vous y verrez dans tout leur éclat l'intelligence et la probité commerciales mises à notre service.

Et la *France Horlogère!* N'est-ce pas elle qui,
après avoir forcé la porte des ministres, est venue
nous chercher dans nos provinces pour nous con-
duire chez elle, au foyer de l'action ? Merci à la
France Horlogère!

J'ai terminé.

Messieurs,

Que doit être la Ligüe ? — Je dis avec un grand
orateur : « De la qualité du grain que nous jetterons
» dans la semence dépend la moisson d'honneur que
» nous récolterons ; c'est à nous d'étudier la semence
» et de ne nous engager qu'à bon escient. »

Nous sommes engagés maintenant et prêts, je l'af-
firme, à tous les sacrifices : argent, intelligence et
temps, pour atteindre le but rêvé, ardemment sou-
haité de tous : la victoire finale.

Après la lecture de ce remarquable rapport, la
résolution suivante a été prise, sur la proposition de
M. Morel-Fourrier :

*Après lecture du rapport de M. Souchet, le
Comité directeur approuve ses conclusions con-
sistant en une entente sincère et loyale entre
les fabricants et les détaillants. Le Comité
directeur, après étude, rejette les mesures dra-
coniennes préconisées par certains, mesures qui
ne peuvent amener que la désunion, sans résultats pour les détaillants.*

LES BAZARS

Rapporteur : M. MOREL-FOURRIER

Délégué du Syndicat des Horlogers de Marseille

Messieurs et chers Collègues,

La question des « bazars », dont l'étude m'était réservée et dont j'ai à vous entretenir, est des plus complexes ; je ne pourrai vous en donner ici qu'un rapport très succinct.

En débutant, permettez-moi de dire, parodiant une phrase célèbre : *Le bazar..... voilà l'ennemi !* Et un terrible et dangereux ennemi pour notre corporation, car il a derrière lui les millions des gros capitalistes qui leur permettent chaque jour de s'étendre comme une tache d'huile dans tous les coins de province, ruinant à tout jamais le petit commerce et précipitant les faillites.

Le « bazar » n'est pas un concurrent déloyal, c'est un concurrent *dépréciateur ;* c'est le *gâcheur* par excellence de notre beau métier d'art qui, sans lui, n'aurait jamais connu l'horlogerie dite quincaillière, faite « à l'emporte-pièce », pour être vendue à vil prix !

Si l'artisan a à cœur de ne voir sortir de chez lui

que des montres, pendules et réveils dont il a pu
apprécier le mécanisme et dont il peut assumer de
ce fait la responsabilité, le bazar n'est pas tenu aux
mèmes garanties : il vend une montre comme les
maraîchers vendent les pommes de terre, sans que,
le plus souvent, son employé, qui récite pour cette
vente des formules apprises spécialement et qui
réussissent le plus souvent auprès des acheteurs, ait
la moindre compétence et la moindre notion de ce
que peut être le mécanisme qu'il présente : il balbu-
tiera vaguement le mot de « garantie », mais l'acheteur n'en tiendra pas compte, car il sait bien que si
en sortant du bazar sa montre s'arrête, *c'est chez
l'horloger qu'il ira pour la réparation.* Donc
nous avons toute la confiance pour la réfection des
montres, pendules et réveils ; mais quand il s'agit de
l'achat, dans bien des cas c'est le bazar qui vend...

Quel n'est pas notre écœurement en constatant
chaque jour, par les objets qui nous sont apportés
en réparations, combien l'horlogerie quincaillière a
fait du progrès. Sur dix montres qui nous sont pré-
sentées, nous en relevons sept au moins dont les
prix de vente varient entre 4 fr. 45 et 20 fr., et ceci
n'est pas exagéré ! — Allez donc rhabiller de pareils
clous !... Et pourtant, comment oser désobliger par
un refus un client qui vous dira qu'il a acheté cette
« toquante » en réclame et comme montre de chasse
ou simplement pour économiser la marche de sa
montre en or. Si vous refusez la réparation, il croira
à du dépit ; un autre concurrent n'aura pas les mèmes
scrupules, et voilà un client perdu pour nous !

Il est donc quelquefois des cas où nous sommes

obligés de réparer des montres, pendules ou réveils de qualité inférieure, qui ne sortent pas de nos magasins et qui nous occasionnent plus de pertes de temps que les articles sérieux, qu'en artisans qui se respectent nous avons l'habitude de tenir.

Et c'est alors que nous maugréons contre le « fabricant » qui se fait l'auxiliaire du bazar pour livrer à l'écoulement de pareils produits, que le véritable horloger n'aurait jamais cherché à propager.

A ses débuts, le bazar était inoffensif et se résumait en un simple établissement vendant des jouets d'enfants ; mais voilà quelques années que de puissantes sociétés financières, au capital de plusieurs millions, se sont montées dans toute l'Europe pour exploiter ces vastes « expositions », dénommées comme autrefois « bazars », mais qui aujourd'hui accaparent tous les commerces, toutes les industries...

Dès qu'un « établissement » de ce genre se monte dans une ville, le petit commerce est des plus touchés ; dès les premiers mois la recette baisse. Les gros boutiquiers, qui ont les « reins solides », peuvent attendre ; mais les petits, dont les fonds de roulement s'épuisent, ne peuvent soutenir la concurrence avec le bazar : c'est bientôt la liquidation judiciaire,... la faillite...

Le pot de fer, dans la lutte, a brisé le pot de terre... Car que peut faire le simple boutiquier devant les millions d'une collectivité ? Le public ne va-t-il pas toujours vers ce qui l'éblouit, tel le papillon qui va se brûler les ailes à la brillante clarté de la lampe ? Cet engouement n'a pas encore été endigué ; mais le public reviendra peut-être un jour (il est même déjà revenu en partie), dans nos magasins, quand il verra que nos articles ne sont pas de ceux que les premiers venus peuvent vendre et que la compétence du vendeur qui a le souci de sa réputation est pour beaucoup dans la qualité des achats qu'il effectue. — En attendant, le bazar se propage partout, véritable fléau pour nous, petits commerçants. Ce n'est plus Paris seulement qui est touché, ce sont les chefs-lieux, les sous-préfectures ; et bientôt tous les bourgs quelque peu importants verront se glisser parmi eux ce *phylloxéra du petit commerce.*

Et le petit boutiquier se plaint ! Il ne songe même pas à enrayer ce formidable mouvement dans le tourbillon duquel il sera emporté et broyé ? Et cependant, si tous les artisans dont le métier est devenu la proie du « bazar », sorte de pieuvre aux tentacules insatiables ; si tous les boutiquiers, dis-je, *s'étaient mis en syndicats* pour défendre leurs intérêts, le bazar aurait vécu ou, du moins, serait resté ce qu'il était autrefois, ce qu'il aurait toujours dû être : un magasin à jouets.

Il eût été facile d'opposer, dès le début, aux puissantes sociétés financières la *Ligue de tout le petit commerce* et former, ainsi que l'a préconisé notre excellent collègue M. Lepage-Thiéry, président du syndicat des Ardennes, le *Syndicat des syndicats.* Il n'est pas trop tard encore pour jeter les bases de cette importante association ; mais l'idée syndicale n'est pas encore mûre : avant qu'elle ait germé, les bazars auront le temps de prospérer. Mais la nécessité forcera demain les petits commerçants à se grouper en masse compacte pour opposer une action efficace à la puissance financière. En attendant, il y aurait lieu de provoquer un mouvement parmi les syndicats organisés et lésés comme nous par la concurrence des grands bazars : peut-être, en unissant nos efforts, obtiendrions-nous du gouvernement le vote de la « loi sur la pluralité des patentes », qui doit frapper le bazar d'un impôt proportionnel au nombre des métiers qu'il accapare ; peut-être aussi, grâce à une entente unanime, obtiendrions-nous cet acte de solidarité entre petits commerçants, *de s'acheter entre eux*. Il est en effet malheureux de constater que bien des petits commerçants contribuent à leur ruine en se fournissant dans les bazars. Que les boutiquiers s'achètent mutuellement ce dont ils ont besoin : l'*ennemi* perdra de ce fait la bonne moitié de sa clientèle, et ce sera là le premier coup porté à sa vitalité.

Ce qui a fait le succès du bazar, c'est la vente réclame à jour fixe annoncée à grands renforts d'affiches et dans laquelle de nombreux articles sont sacrifiés. Il s'agit, avant tout, d'attirer le public ; lorsqu'on le tient, en lui vendant l'article de réclame où l'on ne gagne rien, il y a des chances pour qu'il effectue d'autres achats sur lesquels on aura du bénéfice. C'est le principe de la vente réclame du bazar ! En attendant, en ce qui nous concerne, nous voyons des montres à marques connues dont les prix sont gâchés, et que, de ce fait, nous ne pouvons plus vendre... Qu'arrive-t-il ? Nous quittons le fabricant qui vend ces articles ; il perd en nous une clientèle sûre qui lui laissait beaucoup plus de bénéfices que celle très aléatoire des bazars. Le fabricant lâche donc la proie pour l'ombre, et, du jour où nous le quittons, nous devenons son ennemi, car nous combattrons toujours l'article qui ne sera pas vendu par l'artisan.

Nous estimons que nous, horlogers, assumons une responsabilité en vendant une montre. Il faut que nous donnions aux clients des garanties, et nous ne pouvons accepter de voir vilipender certaines montres avec *2 ou 3 sous* de bénéfice, comme il nous a été donné de voir dans certaines ventes réclames. Enlever des affaires, coûte que coûte, telle semble être la devise de certains fabricants. Que ceux-là me permettent de leur dire qu'ils font fausse route et se portent torts à eux-mêmes : les bazars se chiffrent par centaines, *mais les magasins d'horlogerie se chiffrent par dizaine de mille ;* c'est donc une clientèle à ménager, une clientèle à laquelle ils seront obligés de revenir tôt ou tard, car, malgré tout, l'ensemble des affaires des magasins d'horlogerie dépasse de beaucoup le chiffre des bazars, et le bazar ne saurait être un client fidèle pour le fabricant qui le sert ; avec lui, peu de bénéfice à avoir, car les prix sont considérablement réduits, et il achète à celui qui baisse le plus ses prix. Nous, les artisans, si nous exigeons du mieux fini, nous payons en conséquence, et le bénéfice sur la collectivité des horlogers, par rapport à celui des bazars, est plus que quadruple.

Tant pis donc pour ceux qui fournissent à nos pires ennemis des armes pour nous combattre ; avec ceux-là il ne saurait être question *d'entente loyale,* nous ne pouvons marcher qu'avec ceux qui travaillent avec nous dans un but commun : rendre l'*Horlogerie aux horlogers seuls. A ceux-là seuls sachons réserver nos préférences!*

Pendant que les bazars continueront à propager l'horlogerie bon marché, appliquons-nous, au contraire, à relever nos prix en ne vendant que des montres de qualité. Le public finira bien par s'apercevoir que l'on n'achète pas des billets de « cent francs » avec un « louis », et que le bon marché est toujours cher !

M. Boudra, le distingué directeur de l'Ecole professionnelle d'horlogerie de Lyon, nous citait l'exemple des cordonniers de cette ville qui avaient vu déprécier leur métier par certains magasins de déballage, vendant de la chaussure toute faite à vil prix. Au lieu de baisser leurs prix, pour se mettre au niveau de leurs concurrents, les cordonniers, au contraire, les augmentèrent pour bien se distinguer des magasins de déballage, et soignèrent davantage la qualité des marchandises. Ils ne s'appelèrent plus *cordonniers* mais *chausseurs*, et, chose étrange, depuis cette époque, ils virent affluer les commandes ; ils gagnent largement leur vie, et par contre leurs concurrents dépréciateurs périclitent !

Faisons comme les « chausseurs de Lyon », ne cherchons pas à vendre bon marché, cherchons à *vendre bon ;* le client sera satisfait et nous y trouverons notre compte.

Evitons de tenir les mêmes articles que les bazars, nous n'avons rien à y gagner et tout à y perdre..., surtout du temps pour les réparations desdits articles.

Le jour où *tous* les horlogers de France seront
unis (et ce jour est peut-être beaucoup plus proche
qu'on ne le croit!), ils pourront alors afficher dans
leurs devantures et faire connaître par voie de la
presse l'avis dont le syndicat des Ardennes préconi-
sait la formule :

« En présence de certaines réclames pouvant faire
» naître une hésitation dans le public au sujet de ses
» achats, les horlogers de..., soucieux de sauvegar-
» der la dignité de leur corporation et de ne vendre
» que de la marchandise donnant toute satisfaction,
» avisent leurs clients qu'ils trouveront toujours dans
» leurs magasins *qualité et garantie* à des prix
» défiant toute concurrence loyale. Les horlogers
» de... ont décidé, en outre, qu'à l'avenir ils ne répa-
» reront jamais les montres, pendules ou réveils
» sortant des bazars, maisons de crédit, magasins
» de primes et autres provenances. »

Cet avis ne saurait être attaquable; on ne peut,
en effet, empêcher des horlogers ou tous autres artisans de s'unir et de prendre telle décision qui leur
convient en vue de la défense de leurs intérêts,
pourvu que cette décision ne sorte pas de la légalité.
Et puisqu'un courant d'opinion semble pousser le
public à se fournir d'horlogerie au bazar, parlons à
ce public, faisons en quelque sorte son éducation
commerciale. Disons-lui, en quelques phrases claires
et compréhensibles, que le bon marché n'est le plus
souvent que le pavillon qui couvre la camelotte et
que son intérêt est de revenir à nous. Tout est à faire
dans cet ordre d'idée, d'une réclame bien comprise

et honnête à opposer aux coups de grosse caisse de la publicité des bazars.

Mais, en attendant que nous soyons organisés en vue de lutter avec efficacité contre le bazar, il est nécessaire de prendre des mesures préventives, et je prie le Comité directeur de la Ligue de bien vouloir adopter les conclusions de ce rapport, résumées ci-dessous sous forme de décisions.

CONCLUSIONS

1° Envoi aux pouvoirs publics d'une pétition pour la mise en discussion prochaine de la loi sur la pluralité des patentes, cette loi devant frapper les bazars d'autant de patentes qu'il y est exercé de genres de commerce ;

2° Au cas où cette loi ne serait pas votée au cours de la présente législature, faire prendre aux candidats à la députation, pour la prochaine législature, l'engagement formel d'inscrire cet article en tête de leur programme ;

3° Formation de ligues locales dont les adhérents, commerçants à n'importe quel titre, prendraient l'engagement d'honneur de ne point se servir, eux et leur famille (leurs serviteurs prendraient le même engagement vis-à-vis d'eux) dans les bazars, quelque achat qu'ils aient à faire.

Après discussion, le Comité directeur prend les résolutions suivantes :

1° Chaque syndicat est chargé d'insister auprès

des députés de sa région en vue de faire aboutir la loi sur la pluralité des patentes ;

2º Il est expressément recommandé aux horlogers-bijoutiers syndiqués d'éviter de vendre les mêmes marques que les bazars et de n'accorder leur confiance qu'aux fournisseurs vendant aux seuls horlogers-bijoutiers.

Le Comité directeur a adopté ces conclusions.

PROPRIÉTÉ DES TITRES CORPORATIFS

Rapporteur : M. BOUDRA

Délégué du Syndicat des Horlogers-Bijoutiers de Lyon

Messieurs,

Je crois voir dans les intentions du premier auteur
du programme que nous élaborons un désir d'exclusivité brutale en faveur des horlogers qui seuls de-
vraient vendre et réparer les montres, pendules et
autres. J'avoue ne pas voir très clair dans ce système que je juge incompatible avec nos mœurs et
avec nos lois actuelles.

Je pense, dans tous les cas, que cette exclusivité
doit être édifiée sur une base de valeur technique et
que nous devrons attendre que l'organisation des
apprentissages ait produit tous ses heureux effets,
sans quoi cette exclusivité risquerait de devenir
une arme à deux tranchants, qui pourrait blesser les
horlogers aussi bien que les camelots.

Enfin, je pense qu'une concurrence entre *marchands d'horlogerie* et *horlogers* n'est point à
redouter et qu'elle pourra disparaître d'elle-même
par la force naturelle des choses, à la seule condition que nous sachions mériter et retenir la con-

fiance du public. Et j'estime, qu'à ce point de vue surtout, nous devons être exclusifs.

Notre exclusivité doit, en effet, résider dans nos qualités professionnelles, de même que l'exclusivité des parasites de notre profession est dans l'absence de ces qualités.

Distinguons-nous; nous le pouvons avantageusement. Parlons au public; nous n'avons que la vérité à lui apprendre. Gagnons sa confiance et montrons-nous-en toujours plus dignes. C'est l'unique secret.

Mais il y a, dans notre mode de commerce libre, une lacune qu'il faudrait s'ingénier à faire combler légalement. La propriété du titre corporatif n'est pas reconnue. Amorçons une campagne en vue d'arriver à la reconnaissance légale des titres corporatifs, nous aurons ainsi tout d'abord procuré au public la possibilité de nous distinguer. Puis, par la surveillance des apprentissages, la délivrance du diplôme après examen en loge, par le respect des tarifs *minima*, nous nous serons assurés de dignes continuateurs, toujours plus soucieux de se distinguer des marchands sans métier et autres parasites.

Enfin, par notre entente, par l'unification des prix et la fidélité avec laquelle nous les appliquerons, nous nous garderons des défaillances qui pourraient tenter les moins convaincus et ainsi nous saurons demeurer dignes des prérogatives dont nous nous montrerons justement jaloux.

J'ai donc l'honneur de vous proposer le vœu suivant :

Le Comité directeur de la Ligue,

Considérant :

Que les connaissances professionnelles sont indispensables à l'horloger pour servir ses clients le mieux possible ;

Que les métiers et le commerce sont libres et la propriété des titres corporatifs non reconnue, mais qu'il serait raisonnable et commercialement loyal que le public pût reconnaître le véritable horloger parmi les marchands d'horlogerie et se servir à son gré et en connaissance de cause chez le professionnel ou chez le marchand dépourvu de connaissances techniques ;

Emet le vœu :

Qu'en attendant les heureux résultats des apprentissages surveillés et après entente intelligente des horlogers syndiqués, ceux-ci s'engagent formellement à respecter les tarifs *minima* et adoptent un titre ou un signe distinctif extérieur propre à guider le public dans ses préférences.

Ce vœu a été approuvé par le Comité directeur.

TARIF DES RÉPARATIONS

Rapporteur : M. BOUDRA

Délégué du Syndicat des Horlogers-Bijoutiers de Lyon

Messieurs,

Il n'y a pas de relèvement technique possible sans relèvement de la valeur salariable des produits meilleurs. Mais, à ce point de vue, j'estime qu'une lacune s'est glissée dans le projet primitif, où seul le prix des réparations payées par le public a été considéré.

Nous nous proposons de relever la valeur de la chose, depuis longtemps avilie, et d'en élever la rémunération. Nous voulons former des ouvriers meilleurs qui nous feront du travail meilleur. Ce travail, mieux exécuté, nous le ferons payer plus cher à nos clients. Nous sommes, d'ailleurs, convaincus qu'ainsi nous servirons les intérêts du public aussi bien que les nôtres.

Et d'ailleurs, si nous imposons à nos apprentis l'obligation de payer, d'étudier et d'acquérir un diplôme avant de se placer, ne pensez-vous pas que nous ne devions, du fait même de cette obligation, leur assurer un salaire minimum, juste rémunération de la valeur professionnelle qu'ils auront très certainement, puisque nous l'aurons reconnue par le diplôme que nous leur aurons décerné nous-mêmes?

Je demande donc qu'il soit établi trois tarifs minima : 1° pour les appointements mensuels de nos ouvriers ; 2° pour les prix à payer aux ouvriers en chambre ; 3° pour les réparations à payer par le public.

Je crois devoir me borner à poser le principe ; je néglige à dessein d'entrer dans aucun détail des prix que le Congrès devra étudier et arrêter. Si cependant vous n'étiez pas de mon avis, nous pourrions examiner ensemble les prix du tarif de *l'Union horlogère d'Annecy et ses environs*, en le complétant dans le sens que je viens d'indiquer.

J'ai donc l'honneur de vous soumettre le vœu suivant :

« Le Comité directeur de la Ligue,

» Considérant :

» Que la prospérité d'une industrie ne peut être espérée qu'à la condition que la rémunération de ses artisans soit en harmonie avec la valeur de leurs services ;

» Que, d'une manière générale, les appointements des ouvriers en magasin, les prix de façon des ouvriers en chambre et les prix des réparations payés par le public sont insuffisants, eu égard à la somme de connaissances et aux capacités manuelles d'un horloger compétent,

» Emet le vœu :

» Que des tarifs minima régionaux soient établis par les syndicats. »

Approuvé.

MONTS-DE-PIÉTÉ & COMMISSAIRES-PRISEURS

Rapporteur : M. MOREL-FOURRIER

Délégué du Syndicat des Horlogers de Marseille

Messieurs,

Le « mont-de-piété » est-il bien une institution philanthropique? Telle est la question que je pose au début de ce rapport et à laquelle je répondrai négativement par la suite. En théorie, le mont-de-piété, patronné officiellement par l'Etat, devrait être une œuvre philanthropique, en réalité c'est la véritable « Bourse » des brocanteurs de tous genres, le palais de l'agiotage de toutes les marchandises, mais surtout des matières précieuses. C'est sur ce dernier point qui nous intéresse le plus que j'argumenterai mon rapport. Je glisserai sur les taux usuraires de certains monts-de-piété, il y aurait trop long à dire à ce sujet, mais il est bien certain que si un particulier voulait tenter les mêmes opérations que ces établissements et aux mêmes tarifs, la virginité de son casier judiciaire serait vite déflorée, et l'Etat, qui couvre de sa sollicitude les monts-de-piété, n'aurait pas assez de rigueurs pour lui! Examinons, si vous le voulez bien, la principale opération du mont-de-

piété : l'*engagement* qui est suivi souvent du *renou-
vellement*, plus souvent encore de la *vente* défini-
tive et très rarement du *dégagement !*

Voici un particulier qui possède une chaîne en or
de 30 grammes qui lui coûta neuve 145 francs ; il a
besoin d'argent et se présente au mont-de-piété, gui-
chet de l' « engagement » ; on lui pèse sa chaîne et,
sans tenir compte aucunement de la « façon », on
lui remet la somme de 60 francs (soit 2 fr. le gramme)
plus un bulletin, appelé « reconnaissance », sur lequel est inscrit le délai et le taux du prêt, et l'esti-
mation approximative de la chaîne. Après avoir
renouvelé pendant deux ou trois années sa « reconnaissance » dans l'espoir d'avoir un jour à sa disposition la somme nécessaire pour retirer sa chaîne,
l'emprunteur, découragé, la laisse vendre ! A jour
fixe, aux sons de la trompette, le mont-de-piété
vend les bijoux dont le délai d'engagement est ex-
piré ; les acheteurs accourent en foule dans l'espoir
d'une bonne affaire (que la *bande noire* des marchands coalisés accaparent toujours du reste), et la
chaîne a atteint de 2 fr. 40 à 2 fr. 80 le gramme,
rarement 3 francs, car il y a des droits de ventes à
retenir à l'acheteur et avec lesquels il y a lieu de
compter. Le mont-de-piété verse ensuite la différence
du prêt au prix de vente, appelé « boni », à l'emprunteur, non sans avoir effectué une nouvelle rete-
nue, ce qui est cause que, outre les frais de renouvelle-
ment et de vente, l'emprunteur a dû céder sa chaîne
bien en dessous de la somme qu'il aurait pu toucher
dès le début s'il l'avait vendue définitivement à un
horloger ou bijoutier établi, car, lorsqu'un bijou est

encore bon à revendre, nous n'hésitons pas quelquefois (et notamment pour les sautoirs or) à les payer
jusqu'à 3 francs le gramme.

Mais, me direz-vous, le particulier n'a pas vendu
sa chaîne à un bijoutier, parce qu'il savait que les
bijoutiers ne peuvent prêter sur gages et qu'il avait
l'espoir de pouvoir retirer un jour sa chaîne du
mont-de-piété. D'accord avec vous! Mais il aurait
pu la céder au bijoutier en lui promettant, au bout
d'un délai fixé, un bénéfice de rachat si la chaîne
était gardée. Le bijoutier peut accepter cela, *car il
est en règle avec la loi*, en inscrivant l'acquisition
sur son registre au mot *achat*, et en convenant ver-
balement de rendre la chaîne jusqu'à telle date,
moyennant une somme fixée. L'éducation du public
est encore à faire sur ce point; il faut que nous arri-
vions à lui démontrer qu'il a tout intérêt à s'adresser à nous, et que notre parole vaut souvent mieux
que tous les écrits et toutes les paperasseries du
mont-de-piété. Il est bien entendu qu'après avoir
observé loyalement le temps prescrit par le client
pour la garde de son bijou, l'objet sera définitivement acquis pour nous s'il n'est pas venu remplir
ses engagements, car nous aurons payé ce bijou au
taux légal, soit 2 fr. 25 le gramme au moins, et
l'achat sera considéré comme légalement accompli
dès que l'inscription aura été faite sur le registre.
Le reste, je le répète, ne peut être que conditions
verbales, avec pour seules garanties l'honnêteté des
contractants.

De toutes façons, si le particulier a perdu sur sa
chaîne par les différentes retenues qu'il a dû subir

du mont-de-piété, nous, bijoutiers, avons été privés
de deux opérations : l'*achat* de la chaîne et sa *vente!*

Donc, concurrence pour nous et profit pour le
mont-de-piété *à notre détriment!*

Ce n'est pas tout : Le mont-de-piété reçoit à l'engagement et le commissaire présente à la vente
toutes sortes de marchandises, et ce avec la plus
grande facilité, ce qui fait que de nombreux négociants, peu scrupuleux et dans le but de préparer
leurs faillites, n'hésitent pas à user de ce moyen
d'écouler leurs marchandises à tout prix. D'autres
sont plus roublards, et tout en se tenant sur un terrain strictement légal, engagent ou font vendre par
le commissaire-priseur des articles de fabrication
récente, dont la valeur n'est pas encore connue sur
le marché et dont le prix double à la vente. Exemple :
Les services à découper argent(allemand)qui se vendirent au début par ce moyen 12 à 14 francs, alors
qu'ils coûtaient, pris en gros, 7 francs pièce.

On voit d'ici la perturbation que cela amène dans
le petit commerce quand le marché est infesté de
ces articles. Donc, par ceci, je prouve que le mont-
de-piété (auquel j'assimilerai le commissaire-priseur) est une source d'écoulement pour certains
négociants, c'est un vaste magasin patronné par
l'Etat, ne payant aucun droit et qui nuit par ces
diverses opérations à la prospérité des commerçants patentés. Ajoutez à cela que si les
monts-de-piété n'existaient pas, il y aurait beaucoup
moins de brocanteurs qui sont, pour nous, autant de
concurrents insaisissables : supprimez la cause et
vous détruirez les effets! Il est vrai qu'il est quel-

ques-uns de nos confrères qui, poussés par les né-
cessités de la lutte pour l'existence, vivent au même
titre que les brocanteurs des monts-de-piété ou commissaires-priseurs. Mais ceux-là luttent à armes
égales contre nous : ils paient patente, et le jour où
les monts-de-piété ou commissaires-priseurs n'exis-
teraient plus, ils ne s'en trouveraient aucunement
lésés, car le client viendrait alors les trouver chez
eux, dans leurs boutiques, et c'est à leur compte
qu'ils effectueraient les opérations dont il a été question plus haut ! Et ceux-là viennent d'ailleurs, forts
de leurs droits, disputer aux parasites le métier qui
les fait vivre ; ce sont les troupes actives combat-
tantes de notre corporation, et s'ils ne peuvent
empêcher les bénéfices des opérations des monts-de-
piété ou commissaires-priseurs, du moins en veulent-
ils leurs parts, ce que nous ne saurions leur repro-
cher !

Sous le couvert de la « philanthropie », le mont-
de-piété jouit de toutes les tolérances... C'est la
providence des pauvres, à qui il avancera 3 fr. sur
de misérables hardes, mais c'est aussi celle des
voleurs qui viennent en toute sécurité engager le
produit de leurs cambriolages !... Il n'est pas de
jour où l'on ne retrouve aux monts-de-piété des
objets volés, surtout dans les grandes villes, et je
mets au défi quiconque de me démentir. Ah ! pauvres de nous si pareils faits étaient relevés à notre
encontre ! De quelles peines n'expierions-nous pas
ce forfait ! Tandis qu'il nous faut exiger des vendeurs des papiers de toutes sortes et que le paie-
ment à domicile nous est en outre imposé, le mont-

de-piété *irresponsable* se contente du minimum de garanties, sans aucun contrôle des papiers présentés ; il ne s'inquiète même pas de la provenance de l'objet. Que le volé vienne à reconnaître son bien parmi les « gages » entreposés, et il doit rembourser au mont-de-piété, s'il veut en reprendre possession, le prêt consenti au voleur, y compris les intérêts. Chez un bijoutier, les choses se passent autrement : l'objet est confisqué par le commissaire de police et l'honorable commerçant subit toutes les rigueurs de la loi, sans compter la perte intégrale de l'objet acheté. Voilà ce qu'au xxᵉ siècle on appelle la justice !

Autre fait qui prouve le régime de faveur institué pour les monts-de-piété à notre détriment :

Alors que nous n'avons pas le droit de vendre de l'or étranger, même en payant des droits spéciaux pour l'apposition d'un poinçon, le mont-de-piété, dans les ventes publiques, *jouit de ce privilège :* l'acheteur d'un bijou en or étranger peut, en payant les droits, faire poinçonner ce bijou et en prendre possession immédiate... Le même bijou, chez n'importe quel confrère, serait immédiatement saisi et brisé sans compter l'amende qui l'atteindrait !... Ceci est inique et la loi, en voulant sauvegarder les intérêts des emprunteurs, étouffe les moyens d'existence de toute une catégorie de commerçants ! Ces deux poids et ces deux mesures ne peuvent être acceptables et il y aura lieu de s'en préoccuper dans les prochains congrès.

En attendant que des lois de sauvegarde viennent arrêter les empiètements des monts-de-piété et

ques-uns de nos confrères qui, poussés par les né-
cessités de la lutte pour l'existence, vivent au même
titre que les brocanteurs des monts-de-piété ou commissaires-priseurs. Mais ceux-là luttent à armes
égales contre nous : ils paient patente, et le jour où
les monts-de-piété ou commissaires-priseurs n'exis-
teraient plus, ils ne s'en trouveraient aucunement
lésés, car le client viendrait alors les trouver chez
eux, dans leurs boutiques, et c'est à leur compte
qu'ils effectueraient les opérations dont il a été question plus haut ! Et ceux-là viennent d'ailleurs, forts
de leurs droits, disputer aux parasites le métier qui
les fait vivre; ce sont les troupes actives combat-
tantes de notre corporation, et s'ils ne peuvent
empêcher les bénéfices des opérations des monts-de-
piété ou commissaires-priseurs, du moins en veulent-
ils leurs parts, ce que nous ne saurions leur repro-
cher !

Sous le couvert de la « philanthropie », le mont-
de-piété jouit de toutes les tolérances... C'est la
providence des pauvres, à qui il avancera 3 fr. sur
de misérables hardes, mais c'est aussi celle des
voleurs qui viennent en toute sécurité engager le
produit de leurs cambriolages !... Il n'est pas de
jour où l'on ne retrouve aux monts-de-piété des
objets volés, surtout dans les grandes villes, et je
mets au défi quiconque de me démentir. Ah! pauvres de nous si pareils faits étaient relevés à notre
encontre ! De quelles peines n'expierions-nous pas
ce forfait ! Tandis qu'il nous faut exiger des vendeurs des papiers de toutes sortes et que le paie-
ment à domicile nous est en outre imposé, le mont-

de-piété *irresponsable* se contente du minimum de garanties, sans aucun contrôle des papiers présentés ; il ne s'inquiète même pas de la provenance de l'objet. Que le volé vienne à reconnaître son bien parmi les « gages » entreposés, et il doit rembourser au mont-de-piété, s'il veut en reprendre possession, le prêt consenti au voleur, y compris les intérêts. Chez un bijoutier, les choses se passent autrement : l'objet est confisqué par le commissaire de police et l'honorable commerçant subit toutes les rigueurs de la loi, sans compter la perte intégrale de l'objet acheté. Voilà ce qu'au XXe siècle on appelle la justice !

Autre fait qui prouve le régime de faveur institué pour les monts-de-piété à notre détriment :

Alors que nous n'avons pas le droit de vendre de l'or étranger, même en payant des droits spéciaux pour l'apposition d'un poinçon, le mont-de-piété, dans les ventes publiques, *jouit de ce privilège* : l'acheteur d'un bijou en or étranger peut, en payant les droits, faire poinçonner ce bijou et en prendre possession immédiate... Le même bijou, chez n'importe quel confrère, serait immédiatement saisi et brisé sans compter l'amende qui l'atteindrait !... Ceci est inique et la loi, en voulant sauvegarder les intérêts des emprunteurs, étouffe les moyens d'existence de toute une catégorie de commerçants ! Ces deux poids et ces deux mesures ne peuvent être acceptables et il y aura lieu de s'en préoccuper dans les prochains congrès.

En attendant que des lois de sauvegarde viennent arrêter les empiètements des monts-de-piété et

SUR LA

NÉCESSITÉ D'UNE FUSION OU D'UNE ENTENTE

ENTRE LA LIGUE CONTRE LA CONCURRENCE DÉLOYALE

Et la Fédération des Chambres syndicales d'horlogerie, de bijouterie et d'orfèvrerie de France

———

Rapporteur : M. DUBRET

Délégué du Syndicat de Dijon

———

« Messieurs,

» Permettez-moi de vous faire ressortir en quelques mots tout l'avantage que la Ligue, qui n'est encore aujourd'hui qu'une association provisoire, retirerait d'une fusion avec la Fédération des Chambres syndicales, qui existe depuis longtemps déjà.

» Si vous voulez bien jeter un coup d'œil sur les statuts que je vous présente, vous verrez que la Fédération a pour but :

» Article premier. — ... De concentrer les efforts,
» pour une action commune, des Chambres syndi-
» cales de l'horlogerie, de la bijouterie et de l'orfè-
» vrerie de France.

» Art. 2. — ... De concourir au progrès moral et
» matériel de la corporation, en contribuant, dans

» la mesure la plus large, à la protection et à la dé-
» fense de ses intérêts. »

» La Fédération, ayant son siège à Paris, est avantageusement placée pour présenter directement nos
revendications aux pouvoirs publics. Si vous lui ap-
portez, ce qui lui manque, l'appui du nombre, vous
ferez partie d'une association puissante qui sera bien
celle de toute la corporation, puisque tous les syndicats ont voix délibérative au congrès annuel et qu'entre temps le bureau est chargé de faire ce qui est
nécessaire dans l'intérêt de chaque syndicat adhé-
rent.

» En résumé, un accord avec la Fédération nous
permettrait de grouper tous les horlogers-bijoutiers en une vaste association dont la puissance auprès des pouvoirs publics serait considérable.

» Ne croyez pas, Messieurs, que je vous parle comme
président de la Fédération. J'aime ma corporation
et je crains qu'une désunion de ses forces soit nui-
sible à ses intérêts ; mais si, dans la discussion qui va
venir, vous trouvez une combinaison meilleure
pour réunir nos forces, je vous suivrai.

» Si la Fédération réunit vos suffrages, ce n'est encore que par la discussion que nous pourrons nous
mettre d'accord sur l'importante question de la concurrence déloyale.   » Ch. Dubret. »

Le Comité directeur n'a pas hésité à prendre en
considération le sage avis de M. Dubret.

La fusion de la Ligue avec la Fédération a été votée à l'unanimité.

NÉCESSITÉ D'UNE FUSION OU D'UNE ENTENTE

ENTRE LA LIGUE CONTRE LA CONCURRENCE DÉLOYALE

Et la Fédération des Chambres syndicales d'horlogerie, de bijouterie et d'orfèvrerie de France

Rapporteur : M. DUBRET

Délégué du Syndicat de Dijon

« Messieurs,

» Permettez-moi de vous faire ressortir en quelques mots tout l'avantage que la Ligue, qui n'est encore aujourd'hui qu'une association provisoire, retircrait d'une fusion avec la Fédération des Chambres syndicales, qui existe depuis longtemps déjà.

» Si vous voulez bien jeter un coup d'œil sur les statuts que je vous présente, vous verrez que la Fédération a pour but :

» Article premier. — ... De concentrer les efforts,
» pour une action commune, des Chambres syndi-
» cales de l'horlogerie, de la bijouterie et de l'orfè-
» vrerie de France.

» Art. 2. — ... De concourir au progrès moral et
» matériel de la corporation, en contribuant, dans

» la mesure la plus large, à la protection et à la dé-
» fense de ses intérèts. »

» La Fédération, ayant son siège à Paris, est avantageusement placée pour présenter directement nos
revendications aux pouvoirs publics. Si vous lui ap-
portez, ce qui lui manque, l'appui du nombre, vous
ferez partie d'une association puissante qui sera bien
celle de toute la corporation, puisque tous les syndicats ont voix délibérative au congrès annuel et qu'entre temps le bureau est chargé de faire ce qui est
nécessaire dans l'intérèt de chaque syndicat adhé-
rent.

» En résumé, un accord avec la Fédération nous
permettrait de grouper tous les horlogers-bijoutiers en une vaste association dont la puissance auprès des pouvoirs publics serait considérable.

» Ne croyez pas, Messieurs, que je vous parle comme
président de la Fédération. J'aime ma corporation
et je crains qu'une désunion de ses forces soit nui-
sible à ses intérèts ; mais si, dans la discussion qui va
venir, vous trouvez une combinaison meilleure
pour réunir nos forces, je vous suivrai.

» Si la Fédération réunit vos suffrages, ce n'est encore que par la discussion que nous pourrons nous
mettre d'accord sur l'importante question de la concurrence déloyale. » Ch. Dubret. »

Le Comité directeur n'a pas hésité à prendre en
considération le sage avis de M. Dubret.

La fusion de la Ligue avec la Fédération a été votée à l'unanimité.

CLOTURE DU CONGRÈS

Ordre du jour

Sur la proposition de M. Morel-Fourrier, l'ordre du jour suivant est voté :

« Les membres du Comité directeur de la Ligue contre la concurrence déloyale, en clôturant leurs travaux, remercient le Syndicat des Fabricants de Besançon et la *France Horlogère* de leur cordial accueil. Ils garderont le meilleur souvenir de leurs hôtes et espèrent que, grâce à l'union étroite des fabricants et des détaillants, et aux décisions qui ont été prises, les réformes indispensables à la disparition des plaies qui portent atteinte à la vitalité de la corporation pourront être enfin solutionnées promptement.

» Les membres du Comité directeur donnent rendez-vous aux syndicats adhérents à la Ligue au congrès de la Fédération des Chambres syndicales d'horlogerie, de bijouterie et d'orfèvrerie de France, qui se tiendra à Paris courant juin. »

L'ordre du jour étant épuisé, la séance est levée et la session close.

BESANÇON, IMPRIMERIE J. MILLOT ET Cie
Imprimeurs de la *France Horlogère*
20, Rue Gambetta, 20